VERDADEIRAMENTE CRISTÃO

RENATO DOS SANTOS

2021

Os textos bíblicos utilizados forma utilizados das Escrituras Bíblia Almeida Corrigida Fiel (ACF); Almeida Revisada (AR); Almeida Revisada e Atualizada (ARA).

Dados Internacionais de Catalogação na Publicação (CIP)
(Câmara Brasileira do Livro, SP, Brasil)

```
Santos, Renato dos
     Verdadeiramente cristão : uma reflexão sobre ser
cristão / Renato dos Santos. -- Foz do Iguaçu, PR :
Ed. do Autor, 2021.

     ISBN 978-65-00-28280-1

     1. Bíblia - Análise 2. Bíblia - Ensinamentos
3. Cristianismo 4. Jesus Cristo 5. Reflexões -
Ensinamento bíblico 6. Vida cristã I. Título.

21-79839                                    CDD-242
```

Índices para catálogo sistemático:

1. Reflexões cristãs : Cristianismo   242

Eliete Marques da Silva - Bibliotecária - CRB-8/9380

DEDICATÓRIA

Dedico este livro principalmente a JESUS que por meio da Graça de Deus, deu sua vida por nós, para que fossemos livres do pecado.

Também dedico este livro à minha esposa e filhos e neto, que sem o apoio deles, talvez não tivesse êxito.

E ainda ao meu Pastor que não mediu esforços para me orientar nesta caminhada.

*Cheguemo-nos com verdadeiro coração, em inteira certeza de fé, tendo os corações purificados da má consciência, e o corpo lavado com água limpa,"*Hebreus 10:22

CONTEÚDO

AGRADECIMENTOS

Agradeço imensamente a DEUS que em sua infinita misericórdia permitiu que seu Espirito Santo possibilitasse a inspiração necessária para a confecção deste livro, e claro àqueles que colaboraram por meio de suas orientações, apoio, ensinos e pregações.

A minha esposa que me deu força, apoio e motivação, bem como o suporte de meus filhos.

Agradeço ao Bispo João Carlos Lopes que com sua liderança e apoio da Igreja Metodista da 6ª Região, nos ajuda a trilhar os caminhos do Senhor.

Agradeço ao Pastor Paulo José da Silva por meio do qual fui resgatado no Amor de Cristo, com suas orientações e conselhos.

Agradeço ainda ao Pastor Josadak Lima que tem escrito inúmeros livros, e material de ensino aos Cristãos interessados em aprender.

Também agradeço ao Pastor Glenio Fonseca Paranaguá, que por meio de suas pregações tem trazido uma nova experimentação do Amor de Cristo por meio do novo nascimento e consequentemente nos levado a ficarmos mais perto de JESUS.

Também a todos aqueles que de alguma forma contribuem com orações, incentivo e que também buscam levar a Palavra de DEUS a toda criatura.

APRESENTAÇÃO

É com imensa alegria que apresento o livro *"Verdadeiramente Cristão"*, escrito pelo irmão *Renato dos Santos*.

É um livro tanto para quem ainda não assumiu um compromisso com a fé cristã como para quem deseja se aprofundar no conhecimento dos princípios básicos da vida com Jesus.

Já nos primeiros capítulos o autor firma os conceitos de "cristão" e "crente" para, em seguida, tratar de temas extremamente práticos tais como integridade; a língua; fé e testemunho.

Nos capítulos centrais nos deparamos com doutrinas fundamentais da fé cristã. Aqui o leitor é orientado sobre temas como "pecado"; "perdão"; "a cruz"; "oração e jejum" entre outros.

O livro todo é repleto de experiências pessoais que ilustram a vivência prática dos princípios cristãos. Nesse sentido o irmão Renato dos Santos escreve como um "teólogo prático". Ele escreve para que os leitores possam ter um relacionamento profundo com Jesus e assim possam viver a vida plena.

Nesse sentido o capítulo sobre a "Alegria" reveste-se de grande importância neste livro. Tratando sobre a alegria o autor diz: *"Portanto a nossa alegria está no Senhor nosso Deus e estando intimamente relacionados com ELE poderemos ter uma alegria plena, só assim poderemos vencer as armadilhas desse mundo e enfrentar os desafios que se apresentam".*

Li esse livro e fui grandemente abençoado. Oro para que você tenha a mesma experiência!

Bispo João Carlos Lopes
Igreja Metodista 6ª Região

PREFÁCIO

Entendo que o Amor é a primeira grande característica dos verdadeiros Cristãos. O Cristão verdadeiro é aquele que ama ao Senhor Jesus, guardando a Sua Palavra, e amando ao seu próximo como a ti mesmo.

Em João 8:31B ..."*se vós permanecerdes em minha palavra, verdadeiramente sereis meus discípulos*".

Lendo este livro: VERDADEIRAMENTE CRISTÃO, de nosso irmão Renato dos Santos, (minha ovelha) fiquei muito feliz e impressionado com o seu conteúdo exposto em um só livro. Todos os temas muito bem explicados, simples entendimento, pronto para ser usado a fazer discípulos em todo lugar.

Louvo a Deus pela vida do irmão Renato e sua disposição em se colocar nas mãos de Deus.

Pastor Paulo José da Silva
Igreja Metodista Foz do Iguaçu

INTRODUÇÃO

Todas as pessoas, em determinadas épocas de sua vida resolvem se voltar para CRISTO, normalmente são levadas por problemas que aconteceram em suas vidas ou por amor ao nosso SENHOR, ou até mesmo por um chamado especial.

Estes seguidores são chamados Cristãos, por acreditarem em JESUS CRISTO como nosso SENHOR e Salvador. Os Cristãos estão divididos em três grupos, os católicos adeptos da Igreja Católica Apostólica Romana, os ortodoxos adeptos da Igreja Ortodoxa que é herdeira da cristandade do Império Bizantino, e os protestantes que se originaram com a Reforma Protestante no século XVI.

Mas o que todos não levam em conta é de que todos os Cristãos são crentes, exatamente por acreditarem em

CRISTO, comumente escutamos as pessoas denominarem apenas os protestantes como crentes, e que virou um termo muitas vezes pejorativo na sociedade, devido às praticas de religiosidade fanática de muitos cristãos protestantes, praticando regras ou apenas rituais.

Uma vez em um culto ouvi a seguinte frase dita pelo Pastor: "*até o diabo é crente*", e isso é uma verdade que muitas vezes não levamos em conta em nosso dia a dia, o príncipe deste mundo acredita em JESUS e o teme.

Se considerarmos as passagens bíblicas podemos ver também que o inimigo conhece profundamente as escrituras, em Mateus 4: 5-6 ele cita os versículos 11 e 12 do Salmo 91.

Então podemos perguntar a nós mesmos, O QUE É SER CRENTE?

Este livro é uma reflexão do que é ser verdadeiramente crente e você poderá entender melhor esta denominação, conhecer as ferramentas necessárias para que acima de tudo, possamos aprender e nos tornar um modelo aos que nos rodeiam, formando uma rede cada vez mais de pessoas comprometidas com os ensinos do Nosso SENHOR e ajudar a propagar estes ensinos ao redor do mundo, para que seja cumprida a missão que nos foi dada por JESUS, de que a palavra seja levada a toda terra e a toda criatura.

Que DEUS em sua infinita misericórdia permita que sejamos seus instrumentos de discipulado e de propagação das boas novas, DEUS o abençoe em sua leitura e que estas palavras possam de alguma forma trazer alegria ao seu coração.

MENSAGEM DE DEUS

DEUS em sua infinita sabedoria nos ensina a cada página da Bíblia, mas existem os livros chaves para uma vida saudável e integrada aos valores cristãos, podemos ver isso nos livros de Levítico, Provérbios, Salmos, Isaias, entre outros.

A mensagem é clara: *"sujeite-se a lei do SENHOR e será abençoado"*, DEUS não castiga seus filhos, na criação ele já deixou estipulado todas às regras que devemos seguir, DEUS é misericordioso, tanto que pelo sacrifício de seu único Filho ele nos deu a Salvação.

Se quisermos ser luz neste mundo e o sal da terra, devemos seguir as regras, mas o problema está exatamente aí. Como seguir as regras? Quais regras? Quais as condições?

Estamos em mundo cheio de desvios, cheio de atalhos para o que queremos e o que somos, e o principal problema da humanidade é ter em vez de ser, ter poder, ter posses, ter mais e mais, sem medir esforços ou sem medir nossas ações. O ego toma conta de tudo, o egoísmo se propaga como se fosse uma coisa bonita, superior, mas infelizmente é a própria derrota.

O principal mandamento do SENHOR é amar a DEUS sobre todas as coisas e o segundo é *"amar ao próximo como a ti mesmo"*.

Por quê? Porque somos criados a imagem e semelhança de DEUS.

Mas como é difícil isso!

Se mantivermos em nossos corações a vontade do eu, a mania de sermos melhores de que os outros, uma necessidade superior de mostrarmos que somos superiores a qualquer outro, principalmente perante aos mais simples e humildes.

Não adianta nada pregarmos o amor fraterno e nossas ações forem o extremo oposto, e o pior não é apenas enquanto pessoas, mas também enquanto povos, enquanto nações. Nações inteiras tentam se sobrepor a outras, pelo simples domínio de poder.

Apesar de tudo DEUS é perdoador, em Números (14: 18) *"O SENHOR é longânimo e grande em misericórdia, que perdoa a iniquidade e a transgressão, ainda que não inocenta o culpado, e visita a iniquidade dos pais nos filhos até a terceira e quarta gerações."* Ou seja, ainda somos culpados apesar do perdão do SENHOR. Teremos o perdão, mas vamos responder pelo que fizermos neste mundo.

Em 1 Jo 1:5-10 temos a mensagem *"que DEUS é luz, e não há nele treva nenhuma. Se dissermos que mantemos comunhão com ELE e andarmos nas trevas, mentimos e não praticamos a verdade. Se, porém, andarmos na luz, como ele está na luz, mantemos comunhão com uns com os outros, e o sangue de JESUS, seu Filho, nos purifica de todo o pecado. Se dissermos que não temos pecado nenhum, a nós mesmos nos enganamos, e a verdade não está em nós. Se confessarmos os nossos pecados, ele é fiel e justo para nos perdoar os pecados e nos purificar de toda injustiça. Se dissermos que não temos cometido pecado, fazemo-lo mentiroso, e Sua palavra não está em nós"*.

Independentemente de quem somos o amor prevalece sobre todas as coisas, sem discriminação, sem distinção, sem ressalvas, pois quando aceitarmos as diferenças entre os nossos irmãos poderemos dizer que teremos amor. Muitas vezes é fácil falar que somos amorosos, mas no instante seguinte estamos criticando, julgando as ações de outros irmãos crentes ou não.

Já tive o desprazer de ver irmãos saindo do culto e logo na porta, criticarem outros por comportamento, por vestimenta, ou até mesmo, espalhando notícias falsas.

Quando um crente tem que falar algo sobre determinada pessoa, fale diretamente à pessoa envolvida, ou no máximo ore por ela, mas não espalhe aos quatro ventos a sua opinião.

Temos que ter cuidado com o que falamos com o que ouvimos com o que pensamos com o que olhamos, e principalmente com o que postamos, o inimigo utiliza de artimanhas que parecem inocentes, mas são altamente destrutivas.

Em meio a um mundo de tecnologia estamos sujeitos ao instante, e isto pode ser perigoso se não vigiarmos.

Uma vez vi numa pregação na internet do Líder M. Ranner do Ministério Estratagema de DEUS o qual fala da graça da garça, *"arte de viver na lama sem sujar as vestes"*, vivemos neste mundo sujo dominado pelo inimigo, mas temos que ser como a garça, que vive no lodo e não se suja, não se deixa envolver pela lama, o cristão verdadeiro não se deixa contaminar pelas coisas deste mundo, pois daqui não somos, pertencemos ao Reino do DEUS todo poderoso.

Enquanto tomamos como fundamentos os ensinos deste mundo não podemos cultivar um relacionamento com DEUS, exatamente por sermos o oposto do que ELE nos diz para sermos, a integridade é peça chave para este relacionamento e devemos, para sermos cristãos verdadeiros, buscar a sabedoria divina para nossa vida, a única que pode nos guiar para uma vida de maravilhas.

Claro que teremos tribulações, sobressaltos, problemas cotidianos em nossa vida, mas isso não nos impede de sermos um em CRISTO, de sermos exemplo, de pensar antes de agir, de sermos realmente filhos de DEUS por meio de nossas ações. *"Porque eu vos dei o exemplo para que como eu fiz, façais vós também"*. (Jo 13:15).

Então JESUS disse em João (13:34-35) *"Novo mandamento vos dou: que vos ameis uns aos outros; assim como eu vos amei, que também vos ameis uns aos outros. Nisto conhecerão todos que sois meus discípulos: se tiverdes amor uns aos outros"*.

UM TERMO COMUM

Sempre que escutamos a palavra crente vem a nossa mente a imagem de uma pessoa de terno com uma Bíblia embaixo do braço, ou a imagem de um senhor também de terno pregando em praça pública, ou de uma senhora de saia longa usando coque, com uma Bíblia embaixo do braço.

Estes são os estereótipos mais comuns em nosso cotidiano, mais do que um termo a palavra crente passou a fazer parte da vida das pessoas para designar alguém ou um tipo de pessoa, infelizmente muitas vezes, um tipo de pessoa não muito confiável, o qual muitos rejeitam e até mesmo se ofendem ao chama-los de crentes.

Mas por que tudo isso acontece?

Acontece devido ao mau testemunho que muitos crentes fazem de suas vidas, pregam uma coisa e fazem completamente o contrário do que pregam, e também pela imagem de que um crente é uma pessoa pobre que não tem muitas opções na vida, ou até mesmo por que as pessoas em geral associam os crentes aos rejeitados da sociedade, os que são marginalizados.

Mas não é isso, JESUS veio para nos resgatar independentemente de quem somos.

JESUS disse: *"Graças te dou, ó Pai, Senhor do céu e da terra, que ocultaste estas coisas aos sábios e entendidos, e as revelaste aos pequeninos."* Mateus 11:25.

Em 1 Coríntios 2:14 lemos que *"Ora, o homem natural não compreende as coisas do Espírito de Deus, porque lhe parecem loucura, e não pode entendê-las, porque elas se discernem espiritualmente."*

A falta de entendimento leva a alguns crentes a se comportarem de maneira estranha aos olhos de DEUS, chegam a dizer que não são crentes e sim protestantes, por ser um termo mais polido, mais pomposo, para não ser associado a imagem dos crentes comuns.

Mas o que esquecemos é de que todo aquele que acredita que JESUS é o nosso Salvador é um crente, então por que tentar se justificar pela imagem?

A imagem que devemos manter e repassar são de que: o amor de DEUS é muito superior a nossa pequenez, lembrar que Ele deu seu Único Filho para que fossemos salvos e remidos de nossos pecados.

Se você é Cristão, lembre-se de que ser Cristão não é apenas um rótulo é um estilo de vida, é um compromisso com DEUS, pelo qual você colocou sua vida a disposição Dele, para que mais pessoas possam ser salvas.

As pessoas não entendem que ser crente é algo superior, algo digno de respeito, pois quem é crente se sujeitou ao senhorio de JESUS, transformando sua vida e a vida dos que estão a sua volta, partilhando ensinos, novos modos de vida e principalmente procuram manter a integridade de suas vidas, pelo amor ao próximo.

Não interessa se é rico ou pobre, não interessa seu papel na sociedade, interessa o amor que DEUS tem por você e o amor que você tem por ELE e pelo seu próximo.

INTEGRIDADE

Quando ouvimos a palavra integridade o que lhe vem à mente?

Se procurar no dicionário significa: *"estado ou característica daquilo que está inteiro, que não sofreu qualquer diminuição; plenitude, inteireza. Característica ou estado daquilo que se apresenta ileso, intacto, que não foi atingido ou agredido"*, ou seja, algo que é o mesmo sempre em qualquer lugar.

No caso das pessoas é um pouco complicado, por que todas as pessoas tendem a possuir máscaras para cada situação de seu cotidiano, nem sempre somos a mesma pessoa que sai de casa todos os dias, existe uma forte tendência de nos mostrarmos como as pessoas esperam que sejamos e não como realmente somos. Podemos ser uma pessoa no trabalho, outra na escola, outra com os amigos, outra em casa, e pior outra na Igreja.

A cada dia muitas pessoas se decepcionam umas com as outras, não sabem realmente quem são. Antigamente se falava muito em "fio do bigode", quando se fazia um negócio ou se prometia algo o "fio do bigode" valia muito, mas o que isso quer dizer?

Quer dizer que a palavra de uma pessoa valia muito, quando ela se comprometia com algo este comprometimento era verdadeiro, pois as pessoas valorizavam a integridade.

Um grande exemplo de integridade foi Samuel que diante de Saul enquanto se retirava como juiz, o povo lhe disse: *"...nunca nos defraudaste, nem nos ofendeste, nem tomaste coisa alguma da mão de nenhum homem"* – (I Samuel 12:4).

Outro grande exemplo foi Jó do qual DEUS cita sua integridade (Jó 2:3) *"Perguntou o SENHOR a satanás: Observaste meu servo Jó? Porque ninguém há na terra semelhante a ele, homem integro e reto, temente a DEUS e que se desvia do mal. Ele conserva a sua integridade, embora me incitastes contra ele, para o consumir sem causa."*

Não devemos ser íntegros apenas por causa das recompensas, mas para que possamos ter a plenitude da vida, mesmo levando uma vida reta neste mundo, muitas vezes somos levados a caminhos tortuosos, passíveis de corrupção.

Nossa integridade é colocada à prova a todo instante, quando vamos estacionar nosso carro e acabamos colocando em uma vaga não permitida, e pensamos: *"Só um minutinho não faz mal"* mesmo que por alguns minutos estamos fugindo da integridade.

Cobramos nossos políticos que devem ser retos com seu cargo com sua posição, mas quando somos flagrados em um ato de contravenção queremos dar um jeitinho, com uma conversa.

Quando não emitimos nota fiscal para não precisarmos pagar imposto, quando omitimos uma informação, quando tentamos furar uma fila no trânsito ou em uma repartição pública, quando queremos entrar sem pagar em um espetáculo, quando pensamos que nossos atos não vão prejudicar ninguém.

O ser humano é pecador por natureza, para isso devemos vigiar e orar para que tenhamos a capacidade de enxergar nossos atos, prestar atenção naquilo que fazemos em meio as turbulências da vida.

Temos a capacidade de enxergar aquilo que os outros fazem, mas não conseguimos olhar para nossos atos, quando alguém nos indica os nossos erros ficamos irritados, mas na verdade a vergonha é que domina na forma de irritação.

No mundo tem um ditado que diz: "*Quem tem telhado de vidro não atira pedra no telhado do vizinho*", palavras simples, mas sábias indicando que é melhor olharmos para nossos atos antes de apontar os atos dos outros.

Em Mateus 7:3 JESUS diz: "*Por que tu vês o argueiro no olho de teu irmão, porém não reparas na trave que estás no teu próprio*"?

Algum tempo atrás meu filho em meio a uma conversa, estava me contando sobre atos de outros alunos em sua faculdade, não lembro direito o assunto, mas alguém o confrontou e disse que ele deveria fazer como os outros, e aí uma frase que ele disse a qual ficou marcada em minha mente "*Eu não sou os outros*", nisso eu fiquei contente (lembrei-me da minha mãe), por ter a certeza que meu filho está no caminho certo, ou seja, não devemos fazer algo apenas por que as pessoas fazem, mas devemos confrontar a nossa integridade, confrontar os atos verificando se estamos corretos, se nossos atos estão de acordo com os preceitos do SENHOR nosso DEUS.

Já cansei de ouvir das pessoas, *"mas todo mundo faz"*, não é porque os outros fazem que esteja correto, fazem por que são *"Marias vai com as outras"*, são apenas imitadores dos atos uns dos outros.

Não somos robôs que imitam tudo, somos seres Humanos criados a imagem e semelhança do SENHOR, com a capacidade de pensar, raciocinar, de ter o senso crítico e ético. Somos um milagre que acontece todos os dias quando acordamos, quando vamos dormir, quando pensamos, quando aprendemos.

Nosso DEUS por meio do Seu poder nos deu a vida para que possamos crescer espiritualmente, não para desperdiçarmos com nossa mesquinhez.

Todo dia quando ligamos a TV, vemos do que o ser humano é capaz, se olharmos o noticiário temos a impressão de que não existem mais regras para a vida, muita corrupção, muitas mortes, muitos crimes, mas aí você muda de canal e lá tem uma novela e o que esta novela está passando? Tramas diabólicas para trapacear alguém, matar, acabar com a vida de outro, e por aí vai.

Certo dia assistia a entrevista de um ator, onde ele dizia que o papel de vilão que estava fazendo em uma trama era apenas uma imagem na TV, e não era sua imagem real, mas eu pensei, será que ele está compromissado em passar algo bom para as pessoas, principalmente para as crianças.

Hoje com o advento da internet temos acesso a várias coisas, boas e ruins, mas nós selecionamos aquilo que é bom?

Ou apenas nos mostramos, pelas redes sociais, aos outros da maneira que eles querem que sejamos?

E no escondido do nosso quarto? Quando vemos e compartilhamos aquilo que temos de ruim?

Uma vez um ex-funcionário me disse: "*quem é você no apagar da lamparina?*", ou seja, quem é você na essência? Quem é você quando está apenas com você? Você é aquilo que se mostra ao mundo ou aproveita o momento em que está só e tira a máscara para ser quem realmente você é?

Já escutei e presenciei muitas pessoas estarem em público, simpáticas, atenciosas, mas quando se fecham atrás de uma porta dizem: "*até que enfim este povo ridículo (ou outras expressões parecidas) foi embora*". Onde está a integridade destas pessoas? Como podem encostar suas cabeças no travesseiro e dormir?

Mas não estamos aqui para julgar, DEUS em sua infinita sabedoria sabe como proceder, cabe a nós não enveredarmos por estes caminhos, e sim buscar na palavra DELE para nos indicar os caminhos corretos a seguir.

Em Jó (8:20-21) diz: *"Eis que DEUS não rejeita o integro, nem toma pela mão os malfeitores. Ele te encherá a boca de riso e os teus lábios, de júbilo"*.

Quando somos íntegros estamos praticando verdadeiramente a palavra do senhor e seremos recompensados com a alegria de estar diante do SENHOR nosso DEUS com retidão.

Vamos buscar diariamente a consistência de nossos atos, verificar cada minuto de nossa vida, policiar cada palavra cada ato cada gesto, cada olhar.

Não vamos deixar que o inimigo encontre possíveis brechas em nossa vida as quais ele possa utilizar, sabemos que DEUS é onisciente e onipresente, ele vê tudo e escuta tudo, até o nosso pensamento.

Já o inimigo não o é, ele apenas enxerga nossos atos, nossos olhares, e como nosso corpo fala, ele entende e encontra as brechas que deseja. Então vamos fechar estas brechas, não vamos dar chance para cairmos, vamos buscar a cada dia a presença do Nosso SENHOR JESUS para que nos direcione para um testemunho fiel à palavra de DEUS.

A integridade é a característica do Cristão fiel a DEUS, independentemente das situações.

A LÍNGUA

Minha falecida avó sempre dizia "*a língua é o chicote do bumbum*" (perdão pelo termo), e quando criança, sempre escutava isso, claro que ela explicava o porquê desta expressão, que tudo que nós falamos volta de alguma forma para nós. Mas só depois de me converter descobri o real sentido disso, nossa língua é uma arma poderosa, pela qual nos comunicamos empregando palavras que podem deixar nossos relacionamentos saudáveis com palavras adequadas, ou ferir e destruir.

Na palavra de DEUS em Provérbios (18:19-21) – *"É mais difícil ganhar de volta a amizade de uma pessoa ofendida do que conquistar uma fortaleza de guerra. As brigas são portas trancadas que fecham a vida das pessoas para você. Sempre temos que comer o fruto das palavras que semeamos. Nossas palavras têm poder para construir ou destruir nossa vida. Quem usa bem suas palavras receberá benefícios em troca".*

O poder é tanto que foi com as palavras que DEUS criou o universo, *"No princípio criou DEUS os céus e a terra. A terra era sem forma e vazia; e havia trevas sobre a face do abismo, mas o Espírito de DEUS pairava sobre a face das águas. Disse DEUS: haja luz. E houve luz".* (Gênesis 1:1-3).

Precisamos refrear nossa língua por que *"A morte e a vida estão no poder da língua; e aquele que a ama comerá do seu fruto".* (Provérbios 18:21)

> *"Nossas palavras podem passar, mas seus frutos destrutivos ou construtivos permanecem na nossa ou na história de outros. A língua produz frutos tangíveis, com os quais alimentamos nossos relacionamentos e o resultado pode ser vida ou morte". Pr. Josadak Lima.*

Um dos maiores problemas é de que muitos cristãos ditos crentes, estão por aí promovendo a destruição por meio de suas línguas afiadas, com uma falsa imagem falando o que desejam sem prestar atenção naquilo que realmente fere, saem de seus cultos já difamando, disparando palavras cortantes aos seus companheiros.

O controle é essencial, em Tiago (1:26) podemos ver isso *"Se alguém se julga religioso e não consegue manter a língua dominada, o tal está apenas enganando-se a si mesmo, e a sua religião é uma farsa, não é verdadeira".*

Temos que levar em conta que temos dois ouvidos e uma boca, ou seja, devemos ouvir mais do que falar indiscriminadamente, uma língua sem controle é reflexo de uma vida sem controle. DEUS nos ensina por meio de sua palavra que devemos ter a mente aberta e a boca fechada. No mundo se ouve muito a expressão *"quem fala demais fala do que não deve".*

Tiago (1:19) ainda nos ensina *"Meus amados irmãos, tenham isto em mente: sejam todos prontos para ouvir, tardios para falar e tardios para irar".*

Muitos cristãos estão dando mal testemunho de suas vidas quando não controlam sua língua, mostrando que são pessoas de DEUS apenas quando estão na igreja, mas basta sair e sua verdadeira essência aparece, mas muitos devem estar se perguntando: *"será que estou fazendo isso? Como posso evitar?".* Você pode evitar cuidando, vigiando, procurando ser sábio.

"Guarda a tua língua do mal, e os teus lábios de falarem engano. Aparta-te do mal, e faze o bem; procura a paz e segue-a". (Salmos 34: 13-14).

No mundo se ouve muito dizer: "*só da boca para fora*", mas o falar da boca para fora é despejar todo seu desejo sobre as pessoas, sejam eles bons ou maus, no entanto não percebemos que estamos fazendo bem ou mal, normalmente achamos que está tudo sob controle, mas controle de quem?

Lembrem-se o pai da mentira é o pai deste mundo, se não estamos sob o controle de DEUS estamos sob o controle de quem?

Em seu Livro "LÍNGUA – PRATICANDO O CUIDADO COM O FALAR" o Pastor Josadak Lima mostra 6 (seis) argumentos para mudarmos nossa atitude:

1- Deixar a mentira e falar a verdade – algumas formas de mentir ainda são usadas pelas pessoas sendo elas cristãs ou não, coisas que parecem pequenas, mas que trazem grande estrago. A mentira social para evitar confronto nas relações, quando falamos, por exemplo, ao chefe que seu amigo não chegou atrasado. A mentira caridosa, quando se deseja poupar alguém de sofrimento, é dita quando perguntamos se alguém está bem e mesmo a pessoa estar sofrendo diz que está tudo bem. A mentira santa, quando muitos pregadores dão testemunhos fictícios a fim de estimular a fé dos ouvintes;

2- Desenvolver um falar com propósitos – ser construtivo no que falar, ser edificante nas palavras, ter domino próprio, tendo seu falar sob controle, procurar ser sábio no que dizemos a outras pessoas demonstrando maturidade ao falar;

3- Superar a linguagem indecente – evitar a torpeza, coisas obscenas no falar, feio, corrupto, o mundo está cheio de fala com torpeza. Evitar conversas tolas, conversas levianas, tagarelices vazias que não levam a lugar algum. Evitar os gracejos imorais, quando usamos linguagem polida, mas cheia de tendências picantes, expressões de duplo sentido, insinuações;

4- Despojando-se da maledicência – nunca falar mal dos outros, pois está cheia de hipocrisia, inveja e difamação, a destruição de pessoas e quebra de relacionamentos. A fofoca é um tipo de maledicência que pode destruir uma vida;

5- Deixar de murmurar – murmurar é reclamar, muitos cristãos estão murmurando o tempo todo, vivem reclamando, devemos ser gratos ao Criador por tudo que temos e somos, sendo coisas boas ou ruins. A murmuração fez com que os Hebreus andassem 40 anos no deserto, tempo para que aqueles que murmuravam morressem sem entrar na terra prometida;

6- Evitar pecados verbais egoístas – o ego é uma coisa fortíssima no ser humano, tanto que por mais que sejamos cristãos, deixamos que ele entre em nossas vidas, por que o ser humano é movido a interesses. Devemos evitar a bajulação, manipular os outros com palavras bonitas para obter o que queremos. Também evitar o exagero, uma forma de chamar a atenção, que podem se transformar em mentiras. Devemos ainda evitar a vanglória, o elogio a si mesmo, o mundo está cheio disso, as vezes nossos títulos são mais importantes do que a nossa sabedoria;

Nós como cristãos, devemos ter em mente que se não controlarmos a nossa língua, nossas pregações serão vazias, trazendo negativismo em nossas igrejas.

Nossa missão é converter pelas palavras, mas palavras sábias, corretas aos olhos do SENHOR, pois precisamos produzir novos homens, promover o novo nascimento por meio do ESPIRÍTO SANTO, e as palavras são ferramentas essenciais, desde que cheias de sabedoria, com verdade, não como uma atuação em frente a um público, sem uma linguagem correta e decente não existe conversão real.

Os cristãos precisam ter em mente que deve existir o policiamento de suas palavras, entender as armadilhas do inimigo em uma conversa, evitar falar sobre o que não conhece e buscar o entendimento na palavra de DEUS, sempre que tiver dúvidas.

Desde que me converti tenho visto o poder das palavras em minha vida e na vida de outros irmãos, muitas vezes não atentamos para o que falamos, principalmente quando estamos ansiosos ou nervosos por algum motivo.

Testemunhei muita coisa ruim acontecendo na vida daqueles que não sabem refrear sua língua, não que eu seja um *expert* no assunto, claro que ainda sou falho neste processo, mas estou me educando a falar o que é essencial, principalmente nas brincadeiras, onde tropeçamos sem perceber, ou em uma conversa com amigos onde alguém sempre acaba influenciando a conversa, levando-o a um lugar perigoso.

Então meus irmãos, vocês que estão lendo esta mensagem, cuidem imensamente daquilo que é dito em sua casa, por seus familiares e por você, procure conhecer o significado das palavras. Muitas vezes utilizamos as palavras do mundo, sem saber ao certo o que significam, já presenciei muitos irmãos chamando seus filhos de "danados" referindo-se a sua esperteza ou agitação, mas o significado desta palavra é muito forte, no dicionário podemos ver que significa *"que ou o aquele que foi prejudicado, corrompido, estragado; que ou aquele que está condenado às penas do inferno; maldito"*.

Não fale sobre o que não sabe *"Porque o SENHOR dá a sabedoria; da sua boca procedem o conhecimento e o entendimento; ele reserva a verdadeira sabedoria para os retos; e escudo para os que caminham em integridade, guardando-lhes as veredas da justiça, e preservando o caminho dos seus santos"*. (Provérbios 2:6-8)

Que possamos procurar o conhecimento de DEUS nas escrituras, para isso devemos estudar a palavra de DEUS, traduzindo-a em ações efetivas em nossas vidas, para que escapemos do erro.

Quando iniciei minha carreira de professor universitário, passei a entender cada vez mais que a leitura faz parte de nossa vida cotidiana. Para um curso de graduação um aluno deve ler pelo menos 15 livros ao ano, quando faz uma especialização tem que ler 25 livros ao ano, quando passa para um mestrado 35 livros ao ano, e quando deseja ter um grau de doutor a leitura passa a ser de 55 livros ao ano, independente de ser professor ou não, mas o detalhe para nós está em ler aquilo que é bom aos olhos do SENHOR, assim a melhor leitura é a palavra de DEUS.

Muitos estudiosos já leram e releram as escrituras, mas cada um deles com uma interpretação diferente uma das outras, então devemos buscar o entendimento no ESPIRÍTO SANTO de DEUS, para que nos ilumine em sua imensa sabedoria e nos revele a verdade do conhecimento.

Assim teremos fundamento em tudo o que falamos, teremos capacidade de falar o que é bom aos olhos do SENHOR, assim poderemos abençoar mais do que amaldiçoar, além de evitar as palavras soltas.

Lembre-se que a boca fala do que o coração está cheio, portanto esvazie seu coração das coisas deste mundo ímpio e se apegue as coisas do SENHOR, quanto mais nos apegamos às coisas do Céu mais estaremos nos afastando daquilo que nos leva ao pecado e a perdição.

FÉ

Afinal o que é Fé? Segundo o livro de Hebreus 11:1 *"Ora a fé é o firme fundamento das coisas que se esperam, e a prova das coisas que se não veem"*, ou seja, a Fé é acreditar, não apenas ter esperança de que algo aconteça, é ter a certeza de que aquilo que deseja se realizará, impactando a vida do Cristão, pois a consequência da Fé é a Salvação.

Ter Fé é a certeza de que DEUS está lhe ouvindo quando você ora, é a certeza de que ELE está lá, nos capacitando para enfrentar as dificuldades, para nos apoiar em todos os momentos.

A Fé provém do ouvir da palavra de DEUS, para isto devemos sempre nos alimentar da Palavra como diz em Mateus 4:4 *"... Nem só de pão viverá o homem, mas de toda a palavra que sai da boca de Deus"*. Em Romanos 10:17 diz *"De sorte que a fé é o ouvir, e o ouvir pela palavra de Deus"*.

Meditando na palavra do Senhor teremos maior capacidade de desenvolver a nossa Fé, e ainda temos a responsabilidade de transmiti-la a outros.

A origem da Fé é JESUS, pois lemos em Romanos 1:16-17 *"Porque não me envergonho de CRISTO, pois é o poder de Deus para salvação de todo aquele que crê; primeiro do judeu, e também do grego. Porque nele se descobre a justiça de Deus de fé em fé, como está escrito: Mas o justo viverá pela fé"*. Tanto que os apóstolos solicitaram ao Senhor JESUS, como podemos ler em Lucas 17:5 *"Disseram então os apóstolos ao Senhor: Acrescenta-nos a fé"*.

Então podemos ter a certeza de que JESUS nos concede a Fé para termos a capacidade de entender a Salvação e isso vem de graça, por que é dom de DEUS, que nos concede a partir da crença em seu Filho JESUS, pois *"Pela fé em o nome de JESUS, é que esse mesmo nome fortaleceu a este homem que agora vedes e reconheceis; sim, a fé que vem por meio de JESUS deu a este saúde perfeita na presença de todos vós"*. Atos 3:16.

JESUS levou os nossos pecados, por isso ELE é o autor e consumador de nossa Fé, mas para que possamos ter essa Fé é preciso deixar que ELE tome conta de nossas vidas nos rendendo ao convencimento do ESPIRÍTO SANTO e deve ser uma Fé produtiva com ações que reflitam a vontade de DEUS.

Tiago diz no capitulo 2:17-18 *"Assim, também a fé, se não tiver obras, por si só está morta. Mas alguém dirá: Tu tens fé, e eu tenho obras; mostra-me essa tua fé sem as obras, e eu com as obras te mostrarei a minha fé".* Mas você deve estar se perguntando, como fazer minha Fé ser mais produtiva?

Ora conhecendo a CRISTO mais e mais, quanto mais conhecemos JESUS CRISTO mais nossa Fé é aperfeiçoada e aumentada, e torna-se naturalmente mais efetiva nas obras, pois nos é manifestado o poder divino pelos frutos produzidos.

E como aperfeiçoar?

Falando com Fé sobre as verdades divinas permanecendo na convicção e certeza daquilo que DEUS tem para nós, transmitindo a palavra viva do Senhor, não nos deixando levar pelas circunstancias ou pelas mentiras desse mundo. A perseverança é a virtude para aperfeiçoar a nossa Fé, e nos dá a força para vencer e resistir ao inimigo, que tenta sempre nos desviar do caminho.

Na palavra do Senhor lemos em 2 Pedro 1:3-5 que *"Visto como, pelo seu divino poder, nos têm sido doadas todas as coisas que conduzem à vida e à piedade, pelo conhecimento completo daquele que nos chamou para a sua própria glória e virtude, pelas quais nos têm sido doadas as suas preciosas e mui grandes promessas, para que por elas vos torneis coparticipantes da natureza divina, livrando-vos da corrupção das paixões que há no mundo, por isso mesmo, vós, reunindo toda a vossa diligência, associai com a vossa fé a virtude; com a virtude, o conhecimento";*

Essa passagem nos traz a certeza que de os justos viverão pela Fé e em JESUS somos mais que vencedores, pois Satanás já foi vencido por nosso Senhor e a obra de JESUS é completa e perfeita.

Enquanto filhos, devemos declarar a verdade de DEUS, pois como diz a palavra somos coparticipantes da natureza divina e sem a Fé não somos nada além do pó com o sopro de vida dado por DEUS.

Para uma vida integra devemos ter uma Fé perseverante, nos livrando das armadilhas e corrupção deste mundo nestes dias, por isso meus irmãos não acreditem nas mentiras que encontramos neste mundo, perseverem na Fé, procurem uma intimidade maior com CRISTO, pois tenham certeza de que a Verdade da Palavra de Deus é o único caminho de se chegar a JESUS CRISTO e com ELE chegaremos ao Pai.

Como disse JESUS em Mateus 17:20 *"... Por causa de vossa incredulidade; porque em verdade vos digo que, se tiverdes fé como um grão de mostarda, direis a este monte: Passa daqui para acolá, e há de passar; e nada vos será impossível".*

Então que possamos ter a Fé mesmo que pequena, mas que seja genuína para Honra e Glória do nosso DEUS.

TESTEMUNHO

Muitos dizem: *"se conselho fosse bom seria cobrado"*, mas o problema não é o conselho, é como você se comporta, não adianta receber ou dar bons conselhos se nós mesmos não os seguimos.

Como líder do Ministério Crown, em nossa igreja aprendi que se você indicar algo precisa antes de tudo vivenciar o que indicou, ou seja, se você dá um conselho é preciso ter vivido ou experimentado este conselho. Não adianta você dizer aos outros para não entrarem em dívidas se você entra nelas.

O bom testemunho é chave para sermos cristãos verdadeiros, precisamos mostrar quem nós somos e viver a palavra, não apenas pregar a palavra.

Outro dia vi uma propaganda política de candidatos falando sobre gestão, de como deveria ser a gestão de nossa cidade, mas aí pensei: *"se esta pessoa não tem formação para gestão, como ela pode querer ser candidato ao executivo"?* Como podemos querer ser algo que não temos capacidade, ou pior mostramos algo que não somos.

Em certa ocasião na volta de um concílio de nossa igreja, na estrada nosso veículo foi ultrapassado por outro veículo que passou buzinando, uma pessoa falou é o pastor fulano, a questão é que ele nos ultrapassou em faixa contínua, em um lugar que é proibido ultrapassar, se somos servos de DEUS temos que seguir as regras não importa nosso cargo, autoridade ou posição social, devemos ser reais e íntegros naquilo que fazemos e/ou pregamos.

Todo cristão é visto pela sociedade pelo seu testemunho de vida, todas as suas ações, pela sua postura, pela sua maneira de ser, as outras pessoas muitas vezes seguem como exemplo aquilo que fazemos, se pertencemos ao DEUS todo poderoso temos que nos mostrar em sintonia com as escrituras, não apenas para mostrar, mas para sermos realmente cristãos.

Testemunho não é apenas contar aos outro o que DEUS faz em nossas vidas, mas sim demonstrar que somos novas pessoas, renascidos em CRISTO. *"Convém também que tenha bom testemunho dos que estão de fora, para que não caia em afronta, e no laço do diabo".* (1 Timóteo 3:7)

Devemos ser diligentes em tudo quanto fizermos, para que não caiamos em desgraça aos olhos de DEUS, temos que perseverar naquilo que somos, como verdadeiros cristãos, demonstrar o amor verdadeiro de nosso Senhor JESUS CRISTO, por que nas escrituras está escrito: *"Diligentemente guardareis os mandamentos do Senhor vosso DEUS, como também os seus testemunhos, e seus estatutos, que te tem mandado".* Deuteronômio 6:17.

Temos que ser executores de boas obras em CRISTO, pregar o evangelho a toda criatura para que genuinamente possamos desfrutar do amor uns pelos outros, cumprindo o que Timóteo nos diz: *"Tendo testemunho de boas obras: Se criou os filhos, se exercitou hospitalidade, se lavou os pés aos santos, se socorreu os aflitos, se praticou toda a boa obra"* 1 Timóteo 5:10.

Sabemos que ao fazermos as coisas simples de maneira simples estamos cumprindo com o que nos foi determinado por DEUS, mas infelizmente o ser humano sabe complicar as coisas, e acabamos por nos perder no meio do caminho, principalmente quando utilizamos a máxima: "faça o que digo, mas não o que faço."

Quando percebemos que não estamos dando um bom testemunho, cabe a nós pedirmos perdão a DEUS e até mesmo àqueles que presenciam certas situações, para que possamos redirecionar nossos caminhos ao rumo certo.

Como diz um amigo: "*não precisa dar uma de ator*" seja você mesmo, cuide de como se comporta e como fala, para que não seja pego de surpresa, monitore suas ações, seja simples, humilde e prestativo.

As pessoas buscam em nós os defeitos para justificar seu distanciamento de DEUS, sempre dizem: "*Viu, por isso que não sou crente*".

Em determinado casamento que fui, havia uma boa quantidade de "crentes" presentes e percebi que existiam rodinhas, e umas rodinhas não se relacionavam com as outras, ai pensei: "*não deveria ser assim*", deveríamos ter comunhão uns com os outros, comentando com outros convidados a respeito uma pessoa me disse "*é timidez*", mas a timidez não faz parte do cotidiano do cristão, temos que ter atitude, temos que vencer as barreiras e manter a comunhão com os irmãos, mas o pior neste evento foi quando uma pessoa passou e ouvi dizer a outra pessoa: "*vamos para o buffet rápido antes que os crentes comam tudo*", aí minha surpresa foi enorme, haviam muitos cristãos se servindo, mas parecia que era sua última refeição, pratos muito cheios, com porções de todos os alimentos disponíveis.

Enfim, o testemunho de bons cristãos foi por águia abaixo, pareciam não se importar se havia comida suficiente para todos, cada um queria garantir o seu.

Nos pequenos detalhes é que aparecem os verdadeiros cristãos, aqueles que estão verdadeiramente dispostos a servir e a amar, como CRISTO nos amou, e você está disposto a ser um Cristão com bons testemunhos?

Como diz o Pastor Glênio Fonseca Paranaguá: *"você está em CRISTO ou está na Igreja"*? Pois muitos crentes que estão na igreja não estão em CRISTO nem todos serão salvos, estar apenas na igreja significa apenas participar dos rituais religiosos e não da essência de CRISTO.

A murmuração é um problema de mal testemunho de um crente, aquele que vive de reclamações de maledicências não tem acesso ao Pai, o verdadeiro crente é nova criatura, esvaziando-se a si mesmo, sendo atraído por CRISTO, vivendo uma nova vida em JESUS CRISTO.

Em salmos 98:4 *"Celebrai com jubilo ao Senhor todos os confins da terra; exclamai e regozijai-vos e cantai louvores."* Por isso devemos louvar ao Senhor a todo tempo, não podemos nos deixar levar pelas circunstancias e permanecer no lamento ou nas reclamações, se murmurarmos estaremos nos distanciando de DEUS por estarmos descontentes com aquilo que o nosso Pai nos proporciona. Muitas vezes é para nosso aprendizado, para nossa disciplina.

Os verdadeiros Cristãos, mesmo em tribulações tem um canto diferente, celebrando com jubilo ao Senhor nosso DEUS a todo tempo, não entrando na armadilha da murmuração. Escapando destas armadilhas poderemos dar um bom testemunho daquilo que realmente DEUS quer que façamos.

PECADO

Quando nascemos já estamos em pecado, pois somos nascidos de Adão, mesmo enquanto crianças inocentes estamos na condição de homem pecador, separado de DEUS.

Quando Adão pecou no Paraíso, ele se separou de DEUS tornando-se um homem caído, se distanciando de DEUS, levando consigo toda a humanidade, sendo que a única forma de voltarmos para DEUS é por meio de CRISTO.

Em Sua Palavra está escrito: "*Se afirmarmos que estamos sem pecado, enganamo-nos a nós mesmos, e a verdade não está em nós. Se confessarmos os nossos pecados, ele é fiel e justo para perdoar os nossos pecados e nos purificar de toda injustiça. Se afirmarmos que não temos cometido pecado, fazemos de DEUS um mentiroso, e a sua palavra não está em nós."* 1 João 1:8-10).

O pecado é tão destrutivo que no antigo testamento lemos que as pessoas quando pecavam imediatamente ficavam adoecidos pela lepra, como manifestação direta do pecado, claro que isso não acontece hoje, pois JESUS nos libertou desta condição, hoje podemos pedir perdão diretamente ao Senhor e claro nos arrepender, deixando de pecar novamente.

Muitas vezes passamos o dia e achamos que não pecamos, mas basta fazer uma pequena reflexão e nos deparamos com situações onde pecamos até mesmo sem querer, quando proferimos palavras maldosas sobre outras pessoas, quando comentamos uma noticia, quando somos levados pelos comentários alheios, quando queremos algo tão intensamente que passamos por cima dos outros, quando deixamos de orar, quando deixamos de escutar aquilo que o nosso DEUS quer nos dizer.

Outro dia estava em uma conversa e um amigo resolveu atacar nossos governantes, em dado momento percebi que todos que estavam na conversa estavam falando mal destes governantes, atacando, praguejando, reclamando, ou seja, estavam murmurando. Afinal de contas os governantes estão lá por que os colocamos lá, então não adianta reclamar ou até mesmo amaldiçoar, devemos orar por eles, pedir que nosso Criador os mantenha em vigilância, que os abençoe. Então ao final da conversa, percebi que todos nós pecamos, o que nos bastou foi apenas pedir perdão ao Senhor e evitar tais situações.

O pior é que as vezes isso acontece na porta de nossas igrejas, mostrando um mal testemunho daquilo que somos.

O verdadeiro cristão deve vigiar e orar para evitar tais situações, evitar o que é errado, perceber os detalhes de cada situação para que possamos evitar uma cilada, uma armadilha que nos faz cair nas tentações.

Muitas vezes esperamos bênçãos de DEUS que estão por vir, mas não vigiamos e acabamos por pecar, travando aquilo que DEUS quer nos abençoar, e o pior, em dado momento deixamos de acreditar nas bênçãos.

Não sejamos sábios aos nossos próprios olhos como diz em Isaias 5:21 *"Ai dos que são sábios a seus próprios olhos e prudentes em seu próprio conceito!"*, pois caímos em pecado por achar que estamos no caminho certo, quando na verdade andamos cegos pela nossa própria verdade, acreditamos que nosso conhecimento basta para andarmos no caminho correto, mas na verdade precisamos do conhecimento de DEUS, da Sua sabedoria.

Hoje em dia as pessoas tem o hábito de mascarar coisas horríveis em boas, como se justificassem seus erros, por exemplo, quando alguém diz *"Ah tenho uma inveja branca de você..."* isso é inveja e nada boa e nem branca, inveja é inveja, tão prejudicial que traz até osteoporose, basta ver em Provérbios 14:30 *"O ânimo sereno é vida do corpo, mas a inveja é a podridão dos ossos."* Cuidado meus irmãos, sejam vigilantes e diligentes, cuidem dos seus caminhos, não entrem em contradição com o que vocês dizem e com o que fazem, isso também é pecado.

Como podemos ver não é tão fácil escaparmos do pecado, mas podemos ser cuidadosos, pecar o mínimo possível e ter a certeza de que nosso arrependimento é aceito por DEUS. Também devemos aceitar que somos fracos e dependemos totalmente de nosso Senhor JESUS CRISTO e de seu Espirito Consolador para direcionar nossos caminhos e nos levar ao Reino.

Mas o que é pecado?

Pecado é a transgressão da lei, descumprir aquilo que foi estipulado como regra, DEUS nos passou suas regras por meio da Bíblia, a palavra viva do nosso Senhor, claro que também existem as regras individuais, estipuladas por DEUS por meio do ESPIRÍTO SANTO, onde ELE determina o que podemos ou não fazer conforme nosso caráter e/ou estilo de vida.

Por exemplo, quando Deus determina que não podemos frequentar algum tipo de lugar, como uma casa noturna, por exemplo, porque estando lá podemos nos perder, e se mesmo assim formos lá, estaremos descumprindo uma determinação, e no caso estaremos em pecado, ou até quando temos algumas convicções sobre determinados assuntos e acabamos por proceder de maneira diferente por estarmos seguindo outras pessoas.

Muitas vezes quando adolescente gostaria de sair com amigos, ir a festas ou ir a lugares que ainda não me eram permitidos devido a idade, e quando pedia a minha mãe para ir, eu sempre argumentava: "*mas os outros vão*" e ela me dizia "*você não é os outros*", hoje vejo o quanto dessa afirmação é verdadeira, por que muitos acabam pecando por fazer o que os outros fazem, simplesmente pela cópia, somos diferentes uns dos outros e os padrões de uma pessoa não são os mesmos para outra. O ser humano tem o hábito de querer se igualar aos outros, e isso pode levar-nos a condenação.

Quantas vezes vemos no noticiário alguém que foi preso e em sua defesa diz: "*fiz por que meus amigos fizeram*", o fato de copiarmos as práticas dos outros pode ser prejudicial a nossa Salvação.

Também vemos a mídia distorcer os bons hábitos para hábitos ruins, mostrando que é normal fazer coisas erradas, basta assistir dar uma olhada em programas de televisão para ver praticas de adultério, passar os outros para trás, armações perigosas, e etc. Cuidado com o que você assiste! Cuidado com a pirataria na internet!

Devemos mudar nossos hábitos de acordo com o que DEUS quer para nossas vidas, mas para isso é preciso orar, jejuar e principalmente estudar a palavra de Deus, estar perto o suficiente do nosso Senhor para que ELE nos dê o direcionamento correto de nosso caminho, nos dando uma verdadeira restauração.

Mas também devemos lembrar-nos do que está escrito em 1 João 2:1-3 *"Meus filhinhos, estas coisas vos escrevo, para que não pequeis; e, se alguém pecar, temos um Advogado para com o Pai, JESUS CRISTO, o justo. E ele é a propiciação pelos nossos pecados, e não somente pelos nossos, mas também pelos de todo o mundo. E nisto sabemos que o conhecemos: se guardarmos os seus mandamentos"*.

PERDÃO

O perdão é uma das coisas, ou senão, a mais difícil decisão de um cristão, pois mexe com nossos sentimentos, nossos valores, no que acreditamos ser justiça para nós, mas esquecemos de um detalhe, nosso segundo mandamento descrito em Mateus 22:39 *"E o segundo, semelhante a este, é: Amarás o teu próximo como a ti mesmo"*. Aqui JESUS nos diz para sermos amorosos com os outros.

Mas se a pessoa te ofendeu te machucou, ou te feriu? Como perdoar? Uma das coisas que podemos fazer é nos colocar em amor e tentar ser empático, colocarmo-nos no lugar da outra pessoa, sei que isso também é difícil, mas devemos lembrar que JESUS nos disse *"Vinde a mim, todos os que estais cansados e oprimidos, e eu vos aliviarei. Tomai sobre vós o meu jugo, e aprendei de mim, que sou manso e humilde de coração; e encontrareis descanso para as vossas almas. Porque o meu jugo é suave e o meu fardo é leve"*. Mateus 11:28-30

Devemos entregar a ELE nossas angustias, nossos medos, pois levou sobre si como podemos comprovar em Isaias 53:4-5 *"Verdadeiramente ele tomou sobre si as nossas enfermidades, e as nossas dores levou sobre si; e nós o reputávamos por aflito, ferido de Deus, e oprimido. Mas ele foi ferido por causa das nossas transgressões, e moído por causa das nossas iniquidades; o castigo que nos traz a paz estava sobre ele, e pelas suas pisaduras fomos sarados"*.

Então meus irmãos, até os seus pecados ele levou sobre seus ombros, então por que não perdoar?

Todos nós vamos prestar contas ao Senhor no grande dia, então por que se desgastar com coisas que parecem fazer sentido, mas na verdade não fazem nenhum.

Ao Senhor nosso DEUS pertence a vingança, então deixemos nas Suas mãos a decisão, pois ELE é o Juiz da terra. *"Ó Senhor Deus, a quem a vingança pertence, ó Deus, a quem a vingança pertence, mostra-te resplandecente. Exalta-te, tu, que és juiz da terra; dá a paga aos soberbos".* Salmos 94:1-2.

Outro fator que devemos considerar no perdão é de que da mesma forma que julgamos seremos julgados JESUS deixou isto bem claro em Mateus 7:1-2 *"Não julgueis, para que não sejais julgados. Porque com o juízo com que julgardes sereis julgados, e com a medida com que tiverdes medido vos hão de medir a vós".* Então quando for difícil perdoar alguém, lembre-se desta passagem e acredito que será mais fácil.

Lembrem-se também de que devemos ser rápidos em reconhecer os nossos pecados aos nossos irmãos e buscar rapidamente o perdão daquilo que fazemos isso nos permite levar uma vida de relacionamentos mais saudáveis mais fortalecidos, pois o amor prevalece sobre todas as coisas, e assim honramos a JESUS CRISTO por meio destes relacionamentos em comunhão com ELE.

A motivação para o perdão e para uma vida livre de transgressões só é conseguida por meio de uma comunhão plena e de um relacionamento íntimo com JESUS. A sua força é que nos basta para enfrentar as dificuldades deste mundo, só por meio desta comunhão que teremos o ESPIRÍTO SANTO direcionando nossos caminhos em meio aos nossos relacionamentos.

Certa vez vi em um filme uma passagem que me chocou profundamente, onde um anjo colocou dois filhos na frente de um pai e pediu para que ele escolhesse um deles para ir para o inferno e outro para ir ao céu, na argumentação o anjo contou ao pai as mentiras dos filhos e os seus pecados e logo após disse "...*escolha um para ir ao céu e outro ao inferno...*" o pai ficou indignado e disse que não iria escolher, que era muito difícil fazer isso, então o anjo disse: "...agora imagine DEUS fazendo isso com seus filhos, apesar DELE ser o grande Juiz deve sofrer a dor de ver seus filhos condenados. DEUS em sua infinita sabedoria faz de tudo para que sejamos salvos, até mesmo entregou seu Único Filho para expiação de nossos pecados, claro que vamos ser julgados pelas nossas transgressões, mas os nossos pecados se nos arrependermos serão perdoados e nossas vestes limpas de qualquer impureza.

Se DEUS nos perdoa, por que não perdoarmos os nossos irmãos, por que ficar em brigas infinitas? Por que manter lutas eternas que apenas nos trarão a perdição e condenação?

Em 1 João 4:20-21 vemos que "*Se alguém diz: Eu amo a Deus, e odeia a seu irmão, é mentiroso. Pois quem não ama a seu irmão, ao qual viu, como pode amar a Deus, a quem não viu? E dele temos este mandamento: que quem ama a Deus, ame também a seu irmão.*

Então como ser chamado de Cristão se não perdoarmos nossos irmãos?

O único pecado que não será perdoado é o que lemos em Marcos 3:29 *"Na verdade vos digo que todos os pecados serão perdoados aos filhos dos homens, e toda a sorte de blasfêmias, com que blasfemarem; Qualquer, porém, que blasfemar contra o Espírito Santo, nunca obterá perdão, mas será réu do eterno juízo".*

Cuidado! Não peque contra o ESPIRÍTO SANTO de DEUS e você será automaticamente condenado.

Portanto irmãos o perdão deve ser uma prática constante do Cristão, mostrando o amor de DEUS aos outros e isto nos traz comunhão com JESUS, pois ELE traz a nós a Sua Graça para que possamos amar aos outros, nos permite nos afastar do pecado, não deixa que nos apeguemos às lembranças ruins que foram deixadas, permite que nos esqueçamos do que outros nos fizeram desapegando das marcas deixadas.

Em Salmos 103: 8-13 vemos o quanto DEUS nos ama, pois é, *"Misericordioso e piedoso é o Senhor; longânimo e grande em benignidade. Não reprovará perpetuamente, nem para sempre reterá a sua ira. Não nos tratou segundo os nossos pecados, nem nos recompensou segundo as nossas iniquidades. Pois assim como o céu está elevado acima da terra, assim é grande a sua misericórdia para com os que o temem. Assim como está longe o oriente do ocidente, assim afasta de nós as nossas transgressões. Assim como um pai se compadece de seus filhos, assim o Senhor se compadece daqueles que o temem".*

A CRUZ

A Cruz, o símbolo máximo de nossa esperança também é o símbolo de reconciliação com DEUS, pois nela seu único Filho derramou seu sangue para nos salvar, e é por meio dela que podemos nos aproximar de DEUS por que estamos cobertos pelo sangue de JESUS.

Quando Jesus diz em Mateus 16:24 *"Então disse Jesus aos seus discípulos: Se alguém quiser vir após mim, renuncie-se a si mesmo, tome sobre si a sua cruz, e siga-me;"* ELE simplesmente diz que devemos negar nossa capacidade, nossa força, nosso intelecto, ou seja, negar o que somos e depender DELE totalmente.

Claro que para muitos isso é insano, pois devem pensar do porque estudaram, construíram coisas neste mundo para depois abandoná-las, mas DEUS em sua infinita bondade nos deu a capacidade de realização para que construíssemos coisas boas e que pudéssemos ajudar uns aos outros. Infelizmente o homem desenvolveu a perspectiva de que o ter é mais importante do que o ser.

Quando JESUS diz em Marcos 10:25 *"É mais fácil passar um camelo pelo fundo de uma agulha, do que entrar um rico no reino de Deus"*. ELE quer dizer que os ricos não querem se desfazer de suas coisas, ou seja, de seu dinheiro.

Mas com que propósito desejamos ter mais e mais se assim como nascemos nus, vamos morrer nus? Claro que nem todos pensam assim, muitos apesar de terem grandes posses se entregam a JESUS plenamente, garantindo seu lugar no REINO.

O desprendimento das coisas que temos e do ego que construímos é muito difícil se não nos entregarmos totalmente a CRISTO, só por meio DELE teremos condição de chegar ao PAI.

Muitas vezes choramos, soluçamos por algo que perdemos, mas basta olhar para aqueles que não têm nada e mesmo assim são felizes, concluímos que não precisamos de muitas coisas para nossa felicidade.

Várias pessoas acreditam que a Cruz é sinônimo de sofrimento, mas não é isso, é o símbolo do que JESUS fez por nós, ELE se entregou de corpo, alma e espirito para que fossemos salvos. Será que nós faríamos isso por pessoas mesquinhas, arrogantes, que nem conhecemos, pense nisso, será que você se disporia a ser pregado em uma Cruz de madeira para salvar outras pessoas?

Difícil! Mas JESUS o fez e se entregou para tivéssemos uma chance de nos reconciliarmos com o PAI, para que pudéssemos ter capacidade de nos relacionarmos novamente com DEUS. ELE facilitou as coisas, antes tínhamos que nos relacionar em ELE por meio dos sacerdotes, com JESUS e pelo ESPIRITO SANTO temos canal direto com PAI.

A Cruz é o símbolo do desprendimento das coisas deste mundo para que possamos ser aceitos no Paraíso, sem ela não podemos nos aproximar de CRISTO, a cruz é a aceitação do que JESUS fez por nós, a capacidade de entrega.

Portanto, entregue sua vida a CRISTO verdadeiramente, não deixe nada de fora, não faça como os cavaleiros templários que no momento que eram batizados deixavam suas espadas empunhadas de fora da água, para que pudessem guerrear, não deixe partes de sua vida de fora seja totalmente dependente de JESUS somente assim terá o caminho para a vida eterna.

Em Mateus 10:38 JESUS diz *"E quem não toma a sua cruz, e não segue após mim, não é digno de mim."* Então não perca tempo se entregue totalmente ao Senhor.

Mesmo sendo cristão, muitos ainda não se entregaram totalmente, por isso ore comigo, repita as palavras desta oração em voz alta, não como uma repetição qualquer, repita e ore de coração aberto a JESUS para que ELE possa tomar conta de você e que a felicidade de estar com ELE invada seu coração.

Oração:

"Senhor JESUS, neste momento coloco minha vida, todo o meu ser aos seus pés, entrego a ti meus fardos e peço que me ajude a carregá-los, toma conta de minha vida, pois Tu és o meu único Senhor e Salvador. Declaro que seguirei os seus passos, e que me colocarei a Sua disposição para realizar a Tua obra. Abençoa-me Senhor, para que eu tenha forças de prosseguir, que realmente eu consiga tomar a minha cruz e seguir-te e que meus passos sejam os Teus, Em teu Santo Nome JESUS eu me entrego a Ti. Amém".

ORAÇÃO E JEJUM

Certa vez vi um Pastor orando com fervor, utilizando palavras bonitas, cheias de significado, então pensei: Será que um dia poderei orar assim?

Mas aprendendo das coisas de DEUS percebi que não é bem assim, não é preciso palavras de efeito, basta apenas conversar com DEUS, apresentar a ELE nosso louvor, adoração e petições.

Não é preciso de cênicas teatrais, para que DEUS nos ouça, ELE é Onipresente e Onisciente, percebe tudo.

Em Mateus 6:5-13 JESUS diz: *"E, quando orares, não sejas como os hipócritas; pois se comprazem em orar em pé nas sinagogas, e às esquinas das ruas, para serem vistos pelos homens. Em verdade vos digo que já receberam o seu galardão. Mas tu, quando orares, entras no teu aposento e, fechando a tua porta, ora a teu Pai que está em secreto; e teu Pai, que vê em secreto, te recompensará publicamente. E, orando, não useis de vãs repetições, como os gentios, que pensam que por muito falarem serão ouvidos. Não vos assemelheis, pois, a eles; porque vosso Pai sabe o que vos é necessário, antes de vós lho pedirdes. Portanto, vós orareis assim: Pai nosso, que estás nos céus, santificado seja o teu nome; Venha o teu reino, seja feita a tua vontade, assim na terra como no céu; O pão nosso de cada dia nos dá hoje; E perdoa-nos as nossas dívidas, assim como nós perdoamos aos nossos devedores; E não nos conduzas à tentação; mas livra-nos do mal; porque teu é o reino, e o poder, e a glória, para sempre. Amém".*

Ou seja, seja simples em sua oração porque o PAI aprecia a simplicidade, muitas vezes lemos estas palavras do texto de Mateus e percebemos que muitas vezes isso acontece realmente, principalmente em nossos templos.

Muitas vezes presenciei situações em que vários irmãos oravam uns pelos outros, e que uns eram mais requisitados, uma destas situações perguntei a outra pessoa: *"por que muitas pessoas procuram alguns mais do que os outros?"* E o irmão me respondeu: *"É que ele tem a oração mais forte".*

Isso me intrigou e procurei o Pastor para entender melhor, ele me disse que toda oração é ouvida por DEUS, desde que feita com o coração, não importa que a faça, basta que seja feita de coração, não por que um irmão aparece mais do que os outros, ou por que ele tem reconhecimento na comunidade, ou por que é mestre, ou por estar em destaque.

DEUS usa quem ELE quer da maneira que Lhe convém JESUS disse em Mateus 11:25 *"Graças te dou, ó Pai, Senhor do céu e da terra, que ocultaste estas coisas aos sábios e entendidos, e as revelaste aos pequeninos"*.

Certa vez estava em uma agencia do correio com minha nora, estava passando por uma situação difícil e questionava DEUS do porque daquela situação, quando ELE me ouviria, então entrou no recinto um catador de papel reciclado, todo maltrapilho pedindo ajuda para comprar leite para o seu filho, pensei: *"queria ajudar, mas não tenho um tostão"* me senti constrangido. O catador me olhou e disse em voz alta como uma oração: *"não se perturbe meu irmão, DEUS sabe da sua situação e ELE disse que está providenciando a mudança, basta você crer"*. Fez isso apontando para mim, fiquei completamente atônito, sem saber o que dizer ou fazer, fui ao guichê paguei a tarifa postal e sobraram uns trocados, fui atrás do catador para ajuda-lo, mas ele simplesmente sumiu.

Quando recebemos oração ou uma palavra dita por DEUS, deve ser benvinda de quem quer que seja desde que feita com o coração aberto a DEUS, não importa se ela é feita de pequena ou grande duração, basta ser sincera.

Na palavra de DEUS vemos muitas pessoas suplicando ao Senhor que resolva suas questões, mas um problema é que as pessoas querem em seu tempo, mas DEUS resolve no tempo DELE, quando for o momento certo.

Muitas vezes pedimos coisas, trabalho, ajuda divina para coisas terrenas, DEUS pode atender desde que o que pedirmos não nos prejudique.

Às vezes o que pedimos pode ser problemático no futuro e DEUS não nos atende, por que ELE quer o melhor para nós, pois tudo ELE vê e sabe. Mas alguns ficam revoltados nervosos, como filhos mimados, não adianta, temos que entender os desdobramentos e aprender a aceitar as coisas de DEUS.

Adquiri o hábito de orar a DEUS logo que acordo, quando por algum motivo sou acordado as pressas e acabo por esquecer, levado pelo momento, percebo que falta algo e procuro me recompor e entregar meu dia ao Senhor, e sempre que posso, em espirito converso com ELE, e posso afirmar que até em pequenas coisas o nosso DEUS está comigo.

Aprendi que muitas vezes quando sou acordado na madrugada sem motivo aparente, é que o Senhor quer conversar por meio da oração, ou até mesmo para batalhas espirituais.

No início não era assim, acordava e voltava a dormir, e em uma noite acordei com alguém batendo palmas, como se estivesse ao portão de casa, levantei a percebi que não havia ninguém, voltei a dormir, mas isso se repetiu por três vezes e na quarta vez ouvi chamarem pelo meu nome, infelizmente voltei a dormir.

No dia seguinte contei ao meu Pastor o acontecido, e ele me disse: *"lembra de Samuel"?* Fiquei indignado comigo mesmo, e desde aquele dia espero que o Senhor venha a ter comigo. Para isso sempre que acordo pela manhã, faço uma oração.

Se você desejar uma vida de oração, seja persistente, comece a orar pelos alimentos à mesa, em poucos minutos, ore por sua família, os abençoe, vai aumentando o tempo e ore pelas pessoas que conhece, quando perceber estará orando diariamente.

Outra sugestão é iniciar um devocional diário tanto pela manhã ou a noite com sua família, na minha casa começamos pelo Pão Diário, um livro devocional que nos instrui a ler a palavra do Senhor, depois um texto apresentado e ao final a oração em família, em minha casa fazemos as orações de mãos dadas e cada um apresenta sua oração.

DEUS ouvirá a sua oração e estará contigo o tempo todo.

Outro fator é que a oração é mais eficaz com o jejum, mas como isso é difícil para muitos, é um hábito que nem todos conseguem, mas que é preciso para que tenhamos a comunhão mais pessoal com DEUS.

O nosso Senhor instituiu o jejum para que enfraquecêssemos nosso corpo e fortalecêssemos nosso espirito, em 2 Coríntios 12:9 Paulo revela o que DEUS lhe disse: *"A minha graça te basta, porque o meu poder se aperfeiçoa na fraqueza. De boa vontade, pois, me gloriarei nas minhas fraquezas, para que em mim habite o poder de Cristo".*

Pois a carne milita contra o espirito deixando-nos fracos perante DEUS, o jejum fortalece nosso espirito, permitindo que além de nos aproximarmos do Senhor possamos fortalecer a nossa fé para a boa obra.

Mas como jejuar? Em Mateus 6:16-18 JESUS diz *"E, quando jejuardes, não vos mostreis contristados como os hipócritas; porque desfiguram os seus rostos, para que aos homens pareça que jejuam. Em verdade vos digo que já receberam o seu galardão. Tu, porém, quando jejuares, unge a tua cabeça, e lava o teu rosto, Para não pareceres aos homens que jejuas, mas a teu Pai, que está em secreto; e teu Pai, que vê em secreto, te recompensará publicamente"*.

Se olharmos na Bíblia veremos vários tipos de jejum, mas o que temos que entender é que nosso corpo tem limites e DEUS não quer que sejamos prejudicados, pois o nosso corpo é o Templo do ESPIRITO SANTO, como podemos ver em 1 Coríntios 6:19 *"Ou não sabeis que o vosso corpo é o templo do Espírito Santo, que habita em vós, proveniente de Deus, e que não sois de vós mesmos"?*

Então precisamos escolher que tipo de jejum podemos fazer, de 6 (seis) horas, 12 (doze) horas ou 24 (vinte quatro) horas ou até mesmo dias, alguns fazem 40 (quarenta) dias de jejum e oração. Lembrando que 40 (quarenta) dias de jejum e oração é jejum apenas de alimentos, tem que beber água, ou poderá ser feito um jejum de 40 (quarenta) dias até as 18 (dezoito) horas do dia, também é válido, basta apenas apresentar a DEUS o que você deseja fazer, e cumprir com o proposto. Lembre-se o corpo humano não pode ficar mais de três dias sem água, isso pode levar a morte, e não queremos apresentar a DEUS a nossa morte. Quando for apresentar um período de oração e jejum ao Senhor, lembre-se de suas condições, DEUS quer o melhor para você.

Quando conseguimos cumprir com o jejum e oração nosso espirito é fortalecido pelo ESPIRITO SANTO que nos capacita ainda mais para vencer as batalhas deste mundo, o inimigo não têm forças para te enfrentar, pois você estará coberto pelo Espirito de DEUS. Também temos mais sensibilidade às coisas divinas além de nos fortalecer na Fé.

A aproximação a DEUS é por meio da oração e jejum, onde criamos força e intimidade com o Senhor, barrando qualquer investida do inimigo, quando deixamos de orar ficamos fracos e sujeitos às investidas do inimigo.

Em provérbios 13:12 lemos que *"A esperança adiada desfalece o coração, mas o desejo atendido é árvore de vida"*, ou seja, quando não oramos e/ou jejuamos adiamos nossa esperança, desfalecendo nosso coração.

Portanto que possamos ter um cantinho de nossa casa, ou até mesmo do escritório, onde possamos ali dedicar um tempo com DEUS, orando, conversando com ELE, dividindo nossas aflições, dividindo nossas alegrias, nossas vitórias.

Com uma vida de oração, podemos nos relacionar com o PAI, estarmos a cada dia, mais íntimos DELE e consequentemente mais perto do Reino, pois ELE nos ouve sempre, isto pode ser confirmado em Jeremias 29: 11-13 *"Porque eu bem sei os pensamentos que tenho a vosso respeito, diz o Senhor; pensamentos de paz, e não de mal, para vos dar o fim que esperais. Então me invocareis, e ireis, e orareis a mim, e eu vos ouvirei. E buscar-me-eis, e me achareis, quando me buscardes com todo o vosso coração".*

MORDOMIA

Quando falamos sobre mordomia, lembramo-nos daquele modelo de mordomo que aparecia nos filmes antigamente, mas o que muitos não sabem é que mordomo segundo nosso dicionário é o indivíduo encarregado de administrar os bens de outros, além de realizar as tarefas domésticas cotidianas, controlando-as e distribuindo-as entre os demais empregados, ou seja, é a pessoa que administra os bens de outros.

Segundo a palavra de DEUS mordomia é todo aquele serviço executado pelo Cristão realizado para DEUS levando em conta as suas realizações com o que ELE nos deu, também diz respeito ao comportamento que levamos frente à ELE e aos homens.

Em Lucas 16 vemos a parábola do mordomo infiel que nos mostra que DEUS cobrará o que fizermos com os dons que Ele nos deu, e também com o que conquistamos neste mundo, se honramos seu Santo Nome com nossas tarefas e realizações.

DEUS nos dá condições para termos posses, riquezas, mas o que fazemos com isso, honramos o Seu Nome ou apenas utilizamos para o nosso prazer mundano?

DEUS permite nossas conquistas na medida em que nos mostramos fiéis aos seus preceitos. No estudo Crown Finanças vemos que temos que ser corretos em tudo o que fazemos, em nosso trabalho, quando cuidamos daquilo que não é nosso, zelamos pelas coisas alheias, muitas vezes vejo as pessoas dizerem: *"não é meu mesmo, então..."* isso é uma afirmação perigosa, pois mostra que não zelamos por nada. Mesmo que as coisas não são suas você deve zelar para que sejam bem cuidadas.

Também quando cuidamos das coisas de nossa própria casa, não desperdiçando o que temos, mantendo o necessário para nossa vida, não acumular desnecessariamente.

Meu Pai foi corretor de imóveis e certa vez, perguntei por que ele não trabalhava com aluguel de residências, e ele me disse *"ninguém cuida das casas dos outros e isto traz muitos problemas"*, e isto é uma verdade, claro que não podemos generalizar, pois existem pessoas que deixam os imóveis melhores do que encontraram, isto é uma mordomia autêntica.

DEUS nos cobrará sobre o que fizermos com as coisas que ELE nos deu, se ele nos deu um veículo, será que cuidamos com zelo? Se ELE nos deu uma casa para morar, mesmo não sendo nossa, será que zelamos por ela, cuidamos como se fosse nossa?

Isso diz respeito à família também, DEUS nos deu uma família, será que cuidamos dela? Será que zelamos por nossas esposas, pela educação de nossos filhos?

Em Lucas 16:10 JESUS diz:" Quem *é fiel no pouco, também é fiel no muito; quem é injusto no pouco, também é injusto no muito"*, ou seja, se das poucas coisas não cuidamos por que DEUS nos dará coisas maiores.

Muitos oram pedindo a DEUS por coisas maiores, e muitas vezes não são atendidas, exatamente por não terem cuidados do que tem, então por que pedir mais?

Certa vez um colega de trabalho sempre pedia para ser promovido a um cargo superior, como demorava em ser promovido perguntou a seu chefe por que isso não acontecia, o chefe lhe disse: *"por que deseja a promoção? Se você não cumpre nem com as tarefas de sua função atual*", complicado ouvir uma resposta destas, mas necessária, pois ele mudou a sua atitude, melhorou seu trabalho e DEUS o abençoou.

Em todas as coisas que fazemos, ou que temos, devem ser feitas e cuidadas da melhor forma sempre, para que sejamos bons mordomos perante DEUS, não como moeda de troca, mas como comportamento agradável aos olhos do Senhor.

Sempre que você for fazer algo, faça o melhor, não importa para quem seja também deve ser feito de pronto, sem demora.

Já presenciei em vários lugares, seja em empresa pública ou privada as pessoas demorarem em executar as tarefas, não se importando se é urgente ou não, além de deixar aquele que está esperando irado, estará pecando pois não considera a outra pessoa, em outras palavras, seu irmão em CRISTO.

Outro fator é quando não zelamos pela coisa pública, pois pertence a todos, uma vez que os impostos é que pagam as coisas públicas, são de todos, e esta falta de zelo é pecado também, por que não estamos sendo mordomos fiéis.

Sendo assim, percebemos que em tudo devemos ser zelosos, cuidadosos, honrando ao nosso DEUS que em sua infinita misericórdia, permite utilizarmos de suas coisas, pois tudo pertence a ELE, toda a terra, todo o universo, até mesmo nossas vidas, pelas quais foi pago um alto preço como vemos em 1 Coríntios 6:20 *"Porque fostes comprados por bom preço; glorificai, pois, a Deus no vosso corpo, e no vosso espírito, os quais pertencem a Deus"*.

Que a cada dia possamos ser bons administradores aos olhos do Senhor, honrando a confiança que ELE nos deu como diz em 1 Pedro 4: 10-11 *"Cada um administre aos outros o dom como o recebeu, como bons despenseiros da multiforme graça de Deus. Se alguém falar, fale segundo as palavras de Deus; se alguém administrar, administre segundo o poder que Deus dá; para que em tudo Deus seja glorificado por Jesus Cristo, a quem pertence à glória e poder para todo o sempre. Amém"*.

Que tudo o que DEUS concedeu que vocês tenham possam ser administrados com maestria, com cuidado, com zelo, para que no dia de prestarmos contas ao criador daquilo que ELE nos deu, possamos ser considerados bons mordomos.

RESTAURAÇÃO

Quando nos voltamos para as coisas do Reino, colocando-nos a disposição no nosso Senhor e ELE nos restaura de todos os males que sofremos, restaura nossa saúde, nossa força, nosso espírito.

DEUS é amor, ELE deseja que sejamos felizes, prósperos e cheios de amor uns pelos outros, mas infelizmente nos separamos DELE através do pecado, mas JESUS veio para nos restaurar, limpar nossas feridas, limpar as nossas vestes, deixar-nos puros de coração, para que possamos frutificar, pois um coração puro reforça nossa fé como podemos ler em Hebreus 10:22 *"Cheguemo-nos com verdadeiro coração, em inteira certeza de fé, tendo os corações purificados da má consciência, e o corpo lavado com água limpa"*, assim poderemos desfrutar daquilo que DEUS preparou para nós.

Mas para termos a restauração de nossas vidas precisamos nos aproximar do nosso DEUS cada vez mais, ser dependentes DELE, sei que isso não é fácil, nos acostumamos a sermos independentes em tudo, mas precisamos lembrar que nossa vida pertence a ELE, somos feitos de pó de ao pó voltaremos, então toda nossa força está em DEUS, mesmo desligados, ELE foi capaz de sacrificar seu único filho para nos salvar, e infelizmente ainda existem pessoas que negam esta verdade.

Neste mundo, ninguém nem uma única pessoa, sem a intervenção de DEUS pode afirmar o que está em Provérbios 20:9 *"Quem poderá dizer: Purifiquei o meu coração, limpo estou de meu pecado"?* Sem a ajuda do nosso Senhor estamos perdidos neste mundo, a mercê do inimigo que busca a quem tragar.

Sempre ouvi falar sobre os santos, mas quem são os santos, são aqueles que estão restaurados e separados para DEUS, íntimos do nosso Criador, chamados de filhos, pois em Mateus 5:8 JESUS disse *"Bem-aventurados os limpos de coração, porque eles verão a Deus"*.

A restauração verdadeira vem da real transformação, enquanto estamos separados de DEUS adquirimos hábitos nocivos que prejudicam nossa relação com ELE, por isso precisamos mudar totalmente, confessar nossos pecados e nos arrependermos de coração. Muitos confessam seus pecados, mas não todos, guardando o que meu Pastor chama de *"pecados de estimação"*, aqueles guardados a *"sete chaves"* que não ousamos contar a ninguém, mas DEUS é justo para nos perdoar se entregarmos totalmente nossa vida a ELE, ele nos limpa e nos prepara para uma vida mais pura.

Outro fator é o amor uns pelos outros, muitas vezes queremos mudar, mas não aceitamos nossos irmãos, temos que ser mansos de coração para aceitar os defeitos de nossos irmãos, ninguém é perfeito e não devemos buscar a perfeição naquilo que é imperfeito.

Muitas pessoas entram nas igrejas e acabam mudando de uma para outra, sempre com uma ou outra desculpa: "não *gostei do Pastor*", "*não fui com a cara do irmão (ã)*" ou achou qualquer outro defeito, temos que entender que a igreja é lugar pra louvar ao Senhor e não lugar para notarmos este ou aquele defeito, em nenhum lugar encontrará a perfeição, senão na presença de nosso DEUS.

Com a restauração devemos nos lembrar de que precisamos dar frutos, levar a Palavra do Senhor a toda gente, isto é mandamento de JESUS que disse em João

15:1-5 *"Eu sou a videira verdadeira, e meu Pai é o lavrador. Toda a vara em mim, que não dá fruto, a tira; e limpa toda aquela que dá fruto, para que dê mais fruto. Vós já estais limpos, pela palavra que vos tenho falado. Estai em mim, e eu em vós; como a vara de si mesma não pode dar fruto, se não estiver na videira, assim também vós, se não estiverdes em mim. Eu sou a videira, vós as varas; quem está em mim, e eu nele, esse dá muito fruto; porque sem mim nada podeis fazer".*

Portanto que possamos dar muitos frutos, cada um de nós por meio da restauração recebeu um dom de DEUS para que seja usado em seu Reino, seja evangelização, seja pregação, seja oração de intercessão, seja qual for, deve ser utilizado para levar a Palavra a outras pessoas, e se puder fazer discípulos e levar a restauração a outros melhor ainda, como vemos em Isaias 61:1 *"O espírito do Senhor DEUS está sobre mim; porque o SENHOR me ungiu, para pregar boas novas aos mansos; enviou-me a restaurar os contritos de coração, a proclamar liberdade aos cativos, e a abertura de prisão aos presos".*

Que possamos fazer o que JESUS nos disse para fazer em Mateus 28:19 *"Portanto ide, fazei discípulos de todas as nações, batizando-os em nome do Pai, e do Filho, e do Espírito Santo;* assim estaremos cumprindo com o que nos foi ordenado, que possamos levar a restauração a todos que crerem em JESUS.

PROSPERIDADE

Para o mundo prosperidade é ter muito dinheiro ou posses, adquiridos com o suor do trabalho. Para nós Cristãos é ter. uma vida plena em Cristo, independentemente de nossas posses, pois a prosperidade é ter o que vestir, o que comer, ter um caráter santo, ter a dependência e soberania do Senhor sobre nossas vidas, e devemos além de ser agradecidos ser felizes pelo que somos e não pelo que temos o Salmista diz em Salmos 35:27-28 *"Cantem de jubilo e se alegram os que tem prazer na minha retidão; E digam sempre: Glorificado seja sempre o Senhor, que se compraz na prosperidade do seu servo! E a minha língua celebrará a tua justiça e o teu louvor todo dia"*.

A questão de ser rico ou pobre não interessa. O que importa é sermos retos de coração conforme DEUS nos disciplina.

Prosperidade é saber viver com o que temos e praticarmos a boa mordomia, para isso o contentamento é fundamental como podemos ver em Filipenses 4:11-13 *"Digo isto, não por causa da pobreza, porque aprendi a viver contente em toda e qualquer situação. Tanto sei estar humilhado como também ser honrado; de tudo e em todas as circunstâncias, já tenho experiência, tanto de fartura como de fome; assim de abundância como de escassez; tudo posso naquele que me fortalece"*.

Conheço muitas pessoas que ganhando um salário mínimo conseguiram construir suas casas, enviar seus filhos a faculdade e viver uma vida feliz, e ao mesmo tempo conheço pessoas que ganham mais de dez salários mínimos que nem tem casa própria e pior não conseguem controlar suas finanças.

Neste mundo de consumo exacerbado devemos ter cuidado com a cobiça, um pecado silencioso que vai tomando conta de nossa vida e nesse contexto quem já não ouviu falar a frase *"o gramado do vizinho é mais verde"*, ou já viu algum filme onde um vizinho compra um carro bacana e logo na sequência o outro vizinho compra igual, o que é pior, mesmo não tendo capacidade de pagar a dívida que foi contraída, isto é cobiça. Parece algo simples, mas não é, é algo que destrói nossas vidas calmamente e quando se percebe já estamos no fundo do poço, inundados em dívidas ou problemas financeiros.

Uma vez ouvi numa pregação que se uma pessoa compra algo a prazo sabendo que não vai poder pagar é tão ladrão como aquele que entra e rouba, isso é muito sério, pois as pessoas o fazem inconscientemente.

Outro pecado ligado à cobiça é a avareza, que é tão destrutivo como quanto. Muitos podem pagar por algo, mas preferem *"pendurar"* a pagar na hora, ou se sujeitam a privações por não *"querer gastar"*, DEUS quer que tenhamos uma vida plena, que possamos desfrutar de tudo que podemos comprar, para tanto devemos submeter a ELE as nossas decisões.

Precisamos reconhecer que uma vida simples é a melhor forma de nos relacionarmos com ELE e com nossa família, muitas vezes as pessoas querem ter e ter, e acabam virando escravos do que compraram, por exemplo: uma chácara, uma casa na praia, um carro de luxo, tudo isto têm custos para manutenção e normalmente altos, além do que o gerenciamento, acompanhamento de manutenção exigem muito desprendimento, atenção e serviço.

DEUS quer que tenhamos sonhos realizados, com uma ambição simples, tanto que em 1 Tessalonicenses 4: 11-12 lemos *"Esta deve ser a ambição de vocês, levar uma vida tranquila, só se importando com seus próprios negócios e trabalhar com vossas próprias mãos, como já vo-lo temos mandado; Para que andeis honestamente para com os que estão de fora, e não necessiteis de coisa alguma".*

Não defina um estilo de vida de forma comparativa, não leve sua vida igual aos outros, tenha a identidade que DEUS lhe deu, assim não cairá em falso testemunho, por mostrar aquilo que não é, se o outro possui mais que você o abençoe, para que você possa ter mais.

O sucesso financeiro só tem valor se for para o serviço ligado ao Senhor, muitas são as tarefas, muitos são os custos e nosso serviço essencial para que as boas obras sejam feitas.

Quando estamos apenas interessados em servir ao Senhor as bênçãos são derramadas e prosperamos, não devemos estar preocupados com coisa alguma apenas em servir a DEUS e ao próximo.

Muitas pessoas quando ouvem a palavra prosperidade na igreja imediatamente em sua cabeça se forma a equação: bênçãos = prosperidade = dinheiro, mas não é isso que DEUS quer dizer, ELE quer que sejamos livres da escravidão das coisas.

Como fui consultor empresarial por muito tempo (30) anos tive um cliente no Paraguai que estava com 65 anos de idade, trabalhava de segunda à sábado das 06:30 às 22:00, e em certa ocasião ele me confidenciou que tinha mais de 80 (oitenta) milhões de dólares em sua conta bancária, e que estava cansado. Na época tinha perdido um filho que fora sequestrado e o outro o ajudava nos negócios, andava cabisbaixo e assim que pude lhe dei um conselho, que por minha surpresa ele seguiu. Como possuía algumas lojas e uma distribuidora lhe disse: "Feche suas lojas, alugue os imóveis, e mantenha a distribuidora controlada por seu filho, pegue sua esposa e vai viajar, aproveite a vida, porque daqui a pouco poderá não ter esta condição". Ele aceitou e fez isso, dois anos mais tarde conversei com seu filho e ele me disse que o pai estava na Europa com sua mãe, conhecendo o mundo e que estava muito feliz.

Muitas vezes quando queremos algo, acabamos por sermos escravos de nossos desejos, e esquecemos que DEUS nos deu condições para vivermos felizes, para isso devemos depender inteiramente do Senhor e da Sua soberania.

Quando achamos que somos ricos na verdade somos pobres, por que não desfrutamos de uma comunhão com o

Criador, em Apocalipse 3:17 nos mostra a verdade *"Como dizes: Rico sou, e estou enriquecido, e de nada tenho falta; e não sabes que és um desgraçado, e miserável, e pobre, e cego, e nu"*; porque o que importa não são as riquezas mas o amor de nosso DEUS, e nossa prosperidade é medida pela intimidade que temos com JESUS CRISTO.

Outro fator para a prosperidade é a doação espontânea podemos ler em Atos 20:35b *"Recorde as palavras do Senhor JESUS: Mais bem aventurados é dar do que receber"*, pois quando doamos podemos aumentar nossa intimidade com DEUS, podemos ter o caráter doador de JESUS, pois estaremos conformados à imagem Dele e também acumulamos tesouros no Céu.

Demonstrando ao Senhor que nosso coração está no amor e não no dinheiro como diz em Mateus 6:21 *"porque, onde está o teu tesouro ali estará seu coração"*, nosso maior tesouro é o amor que temos uns pelos outros doando de coração e não por obrigação. Em provérbios existe a confirmação disso Provérbios 11:24 *"A quem dá liberalmente, ainda se lhe acrescenta mais e mais; ao que retém lhe será pura perda.*

Muitas pessoas também têm problemas em cumprir com o dízimo o qual é uma regra a ser respeitada como diz em Malaquias 3:10 *"Trazei todos os dízimos à casa do Tesouro, para que haja mantimento na minha casa; e provai-me nisto diz o Senhor dos Exércitos, se eu não vos abrir as janelas do céu e não derramar sobre vós benção sem medida. Por vossa causa repreenderei o devorador, para que não vos consuma o fruto da terra; a vossa vide no campo não será estéril, diz o Senhor dos Exércitos"*.

Esse princípio é um dever de todo Cristão verdadeiro, pois mantém as atividades da casa do Senhor para que nela haja mantimentos. Temos que lembrar que tudo pertence a DEUS e somos apenas mordomos das Suas coisas. Quando dizimamos DEUS nos abençoa, e não devemos fazer por obrigação, mas sim de coração, por que se for obrigação, melhor nem dizimar.

Lembrem-se *"buscai em, primeiro lugar, o Seu Reino e sua Justiça, e todas as coisas lhe serão acrescentadas"* Mateus 6:33.

ALEGRIA

Em mundo onde o stress tem efeito contínuo em nossas vidas, precisamos lembrar que DEUS nos dá conforto nos momentos difíceis, por meio de Sua Graça. Salmos 126:5 "*Os que semeiam lagrimas, segarão alegria*".

Quanto mais nos alimentamos de Sua palavra mais força e conforto nós temos, para isto é necessário desenvolver o hábito de nos alegrarmos diariamente por meio da palavra do Senhor.

Uma dica é evitarmos coisas que nos estressam, deixar de ver notícias ruins que estragam nosso dia, evitar os noticiários policiais, o Prof. Daniel Godri em sua palestra cita que existem os profissionais abutres, aqueles que gostam de ver desgraça, ao acordar já sintonizando seus rádios em noticiários policiais, ou seja, existem pessoas que ao invés de buscar as coisas boas do Reino de DEUS buscam coisas que podem influenciar negativamente suas vidas.

Outro dia li uma reportagem que dizia que este hábito leva a termos 30% mais de experiências ruins durante o dia, e isto aumenta nosso stress, para tanto é importante mudarmos nossos hábitos, e principalmente nos aproximarmos de JESUS por meio de sua palavra.

Em Neemias 8:10b lemos que "...A alegria do Senhor é a nossa força." E em Salmos 29:11 "O Senhor dará força ao seu povo; o Senhor abençoará o seu povo em paz".

Portanto a nossa alegria está no Senhor nosso Deus e estando intimamente relacionados com ELE poderemos ter uma alegria plena, só assim poderemos vencer as armadilhas deste mundo e enfrentar os desafios que se apresentam.

Sei que é difícil, muitas vezes as circunstancias que se apresentam nos impossibilitam de ter alegria, nestes momentos nossa força é restaurada pela oração, sendo o alívio, pois estaremos conectados ao nosso Senhor e ELE nos alegra por meio do Espirito Santo. JESUS deixou seu Santo Espirito para que por meio Dele pudéssemos nos conectar com a alegria divina.

Conheço um rapaz que vende panos de prato para ajudar em sua casa, ele tem limitações físicas e deficiência mental, mas eu nunca vi este rapaz com um semblante sisudo, sempre sorrindo, animado. O encontrei em um dia chuvoso, ele vestido com uma capa me disse "tá chovendo" com um sorriso largo nos lábios, poderia estar triste, melancólico, raivoso, mas escolheu estar alegre. Esta atitude nos mostra que a alegria é também uma escolha e quando escolhemos a alegria DEUS nos abençoa.

Portanto meus irmãos, não deixem que as desventuras deste mundo tirem sua alegria, não permitam que apareça uma brecha para que o inimigo possa usar e explorar. Entregue o seu dia ao Senhor, ao acordar faça uma oração e peça que seu dia tenha a alegria dada por DEUS, e que qualquer situação não tire sua alegria. Ao acordar levante, olhe no espelho e sorria, mesmo que não tenha vontade, em alguns segundos estará sorrindo naturalmente, lembre que está olhando para a imagem e semelhança do nosso DEUS.

Em Genesis 1:26 diz "*E disse DEUS: façamos o homem à nossa imagem, conforme nossa semelhança.*" Só o fato de sermos a imagem e semelhança de DEUS Altíssimo já é motivo mais que suficiente para possamos nos alegrar.

Nosso DEUS é um DEUS de amor, ELE não deseja nosso sofrimento, enquanto sofremos DEUS sofre conosco,

ELE sempre nos indica o caminho, o problema é que não enxergamos os Seus sinais, não paramos para escutar o que ELE nos diz.

O ser humano é teimoso em querer seguir com suas próprias forças, e não assume que não tem capacidade para isso, nem buscamos conhecimento das coisas do Reino, buscamos apenas as coisas do mundo.

Paulo diz Filipenses 3:10, "*Eu renunciei a todas as outras coisas — descobri que este era o único meio de realmente conhecer a Cristo e ter a experiência do imenso poder que o ressuscitou dos mortos, e conhecer o que significa sofrer e morrer com ele*".

Então o único caminho real é o de seguir a JESUS CRISTO, pois ELE é o único caminho ao PAI, que possamos nos alegrar continuamente, lutarmos contra as convenções deste mundo impedindo que estas nos afastem de nosso Criador.

Que seus dias sejam alegres, e contemplados com as bênçãos do nosso Senhor JESUS CRISTO, que cada ação sua seja para a Honra e Glória do Senhor, que nos preserva e nos ensina, que os seus desejos sejam os desejos que DEUS quer para sua vida.

Salmos 32:11 "*Alegrai-vos no Senhor, e regozijai-vos, vós que sois justos; e cantai alegremente, todos vós que sois retos de coração*."

REFLEXÃO FINAL

Em João 4: 23-24 JESUS diz *"Mas vem a hora e já chegou, em que os verdadeiros adoradores adorarão o Pai em espírito e em verdade; porque são estes que o Pai procura para seus adoradores. Deus é espírito; e importa que os seus adoradores o adorem em espírito e em verdade"*.

Que nós possamos ser chamados de verdadeiros adoradores cheios do ESPÍRITO de DEUS, porque ELE nos ama, sempre louvando e adorando nosso Senhor, sempre em espírito com um sentimento de adoração e amor voltado a DEUS por meio de JESUS CRISTO, evitando toda a sorte de pecados que este mundo nos oferece, lembre-se não somos daqui e, portanto, nada daqui nos interessa.

Que possamos ser Cristãos que nas palavras de Tiago 1: 22-25 *"E sede cumpridores da palavra, e não somente ouvintes, enganando-vos a vós mesmos. Porque, se alguém é ouvinte da palavra, e não cumpridor, é semelhante ao homem que contempla ao espelho o seu rosto natural; Porque se contempla a si mesmo, e vai-se, e logo se esquece de como era. Aquele, porém, que atenta bem para a lei perfeita da liberdade, e nisso persevera, não sendo ouvinte esquecidiço, mas fazedor da obra, este tal será bem-aventurado no seu feito"*.

Desejo que todo Cristão seja chamado de verdadeiro e possa por meio de seu testemunho de vida fazer discípulos e dar bons frutos para que no grande dia nós possamos voltar para casa e desfrutarmos do imenso amor de DEUS junto a ELE.

ORAÇÃO FINAL

Ao terminar a leitura deste livro, peço que ore comigo, pois é uma maneira que tenho de me ligar aos leitores e clamar ao PAI que os acompanhe e guarde:

"Senhor DEUS, criador do céu e da terra, oro a Ti Senhor para que nos ilumine, acompanhe nossos passos, direcione nossas ações para que verdadeiramente possamos ser chamados de Cristãos. Que nosso testemunho seja fiel ao cumprimento de seus mandamentos e que as pessoas que nos veem possam querer participar daquilo que pregamos.

Que o Seu SANTO ESPÍRITO possa tomar conta de nossas bocas, de nossos pensamentos e nossos desejos, nos inspirando com aquilo que vem de Ti. Sabemos que pedimos, mas o Senhor já sabe o que queremos, mas o que queremos possa não ser aquilo que Tu desejas para nossas vidas, neste sentido que seja feito conforme a sua vontade e não a nossa, pois Tua sabedoria é infinita e com certeza não vemos o que Tu vês.

PAI, agradecemos pelo Seu Filho Amado JESUS, que está sempre perto para que possamos alcançá-lo e que nossas ações como Cristãos possa gerar frutos honrando o Seu sacrifício. Que todos os que oram comigo possam ser abençoados por Ti e possam desfrutar da Sua presença em suas vidas hoje e sempre.

Oro e agradeço no NOME SANTO DE JESUS CRISTO. Amém".

Renato dos Santos

Ao adquirir este livro você estará contribuindo com as Missões da Igreja, as quais carecem de apoio e de oração.

Este livro foi impresso em papel Avena 80g. com o corpo de texto em fonte Utopia regular tamanho 12 pontos e os títulos em fonte Cambria Bold tamanho 20 pontos.

Organização, diagramação design: Renato dos Santos.